LOIS ET DÉCRETS

SUR LA

PÊCHE FLUVIALE

LOIS ET DÉCRETS

SUR LA

PÊCHE FLUVIALE

A L'USAGE DE LA GENDARMERIE

ANNOTÉS ET COMMENTÉS

18e ÉDITION

ANNOTÉE ET MISE A JOUR

au 1er décembre 1928

CHARLES-LAVAUZELLE & Cie

Éditeurs militaires

PARIS, Boulevard Saint-Germain, 124

LIMOGES et NANCY, Rue Stanislas, 53

1929

PRÉFACE

DE LA NOUVELLE ÉDITION.

Bien que très ancienne, en partie, la législation concernant la police de la pêche fluviale n'est généralement pas bien connue, parce que confuse et éparse en de nombreux textes.

Reviser ceux-ci et les grouper, les faire suivre des commentaires de jurisprudence et les mettre ainsi à la portée de tous, tels sont les buts que se propose d'atteindre cet opuscule.

Un pareil travail est non seulement indispensable dans leurs fonctions aux agents de la force publique et particulièrement aux gendarmes, mais aussi à tous les citoyens qui, un jour ou l'autre, veulent se livrer aux saines distractions de la pêche.

Un guide est nécessaire à tous pour connaître ce qui est permis, ce qui est interdit et pouvoir, au besoin, donner le conseil précis puisé à bonne source.

LOI DU 15 AVRIL 1829 RELATIVE A LA PÊCHE FLUVIALE (1), MODIFIÉE PAR LA LOI DU 18 NOVEMBRE 1898

TITRE PREMIER

DU DROIT DE PÊCHE

Art. 1er. — Le droit de pêche sera exercé au profit de l'Etat :

1° Dans tous les fleuves, rivières, canaux et contrefossés navigables ou flottables avec bateaux, trains ou radeaux, et dont l'entretien est à la charge de l'État ou de ses ayants droit (2);

---

(1) La surveillance, la police et l'exploitation de la pêche dans les cours d'eau navigables et flottables non canalisés, qui ne se trouvent pas dans les limites de la pêche maritime, ainsi que la surveillance et la police de la pêche dans les rivières, ruisseaux et cours d'eau non navigables ni flottables, sont placées dans les attributions du Ministre de l'agriculture et rattachées à l'administration des forêts. (Décret du 7 novembre 1896 et circulaire du Ministre de la justice en date du 17 juillet 1900.)

(2) Les sociétés de pêcheurs à la ligne, constituées en conformité de l'article 5 de la loi du 1er juillet 1901, pourront obtenir, sans adjudication publique et dans les conditions définies au présent décret, l'affermage de certains lots de pêche sur les fleuves, rivières et canaux visés à l'article 1er de la loi du 15 avril 1829.

Pour être admises à bénéficier de cette disposition, les sociétés devront prendre l'engagement de renoncer à l'emploi de tous filets et tous engins de pêche autres que la ligne plombée ordinaire et la ligne flottante, chaque sociétaire ne pouvant se servir simultanément de plus de deux lignes. (Décret du 17 février 1903, art. 1er.)

Deux décrets, en date des 30 et 31 décembre 1904, interdisent la pêche dans certains fleuves et rivières, en vue de la reproduction du poisson, pendant une période de 5 années à dater du 1er janvier 1905.

La loi du 13 juillet 1925 a modifié le texte du 1er paragraphe de la loi du 15 avril 1829, en substituant le mot « ayant droit » à ayant cause.

2° Dans les bras, noues, boires et fossés qui tirent leurs eaux des fleuves et rivières navigables et flottables, dans lesquels on peut en tout temps passer ou pénétrer librement en bateau de pêcheur, et dont l'entretien est également à la charge de l'Etat.

Sont toutefois exceptés les canaux et fossés existants, ou qui seraient creusés dans des propriétés particulières, et entretenus aux frais des propriétaires.

Droit de pêche au profit de l'État.

On appelle bras, noues, boires et fossés (dans le sens de l'article premier), les amas d'eau qui communiquent avec les fleuves et rivières navigables ou flottables et qui en forment des dépendances permanentes.

Le droit de pêche dans ces divers amas d'eau n'appartient à l'Etat qu'à la condition qu'ils soient en tout temps accessibles aux bateaux pêcheurs; mais il n'est pas nécessaire qu'ils leur soient accessibles dans toutes leurs parties.

Le propriétaire d'un terrain inondé n'a pas droit de pêche sur les eaux débordées, si ces eaux restent en communication avec le fleuve ou la rivière d'où elles proviennent.

Art. 2. — Dans toutes les rivières et canaux autres que ceux qui sont désignés dans l'article précédent, les propriétaires riverains auront, chacun de son côté, le droit de pêche jusqu'au milieu du cours de l'eau, sans préjudice des droits contraires établis par possession ou titres.

Droit de pêche au profit des propriétaires riverains.

Le droit de pêche appartient aux propriétaires riverains :

1° Dans tous les cours d'eau qui ne sont ni navigables ni flottables ;

2° Dans les cours d'eau qui ne sont pas accessibles en tout temps aux bateaux pêcheurs;

3° Dans les rivières flottables à bûches perdues.

Les propriétaires riverains ont le droit de s'opposer à la pêche même à la ligne flottante, même en bateau, le long de leurs propriétés.

Art. 3. — Des décrets insérés au « Bulletin des lois », détermineront, après une enquête de commodo et incommodo, quelles sont les parties des fleuves et rivières et quels sont les canaux désignés dans les deux premiers paragraphes de l'article 1er où le droit de pêche sera exercé au profit de l'Etat.

De semblables ordonnances fixeront les limites entre la pêche fluviale et la pêche maritime dans les fleuves et rivières affluant à la mer. Ces limites seront les mêmes que celles de l'inscription maritime; mais la pêche qui se fera au-dessus du point où les eaux cesseront d'être salées sera soumise aux règles de police et de conservation établies pour la pêche fluviale.

Dans le cas où des cours d'eau seraient rendus ou déclarés navigables ou flottables, les propriétaires qui seront privés du droit de pêche auront droit à une indemnité préalable, qui sera réglée selon les formes prescrites par les articles 16, 17 et 18 de la loi du 8 mars 1810, compensation faite des avantages qu'ils pourraient retirer de la disposition prescrite par le Gouvernement.

Art. 4. — Les contestations entre l'Administration et les adjudicataires, relatives à l'interprétation et à l'exécution des conditions des baux et adjudications, et toutes celles qui s'élèveraient entre l'Administration ou ses ayants cause et des tiers intéressés à raison de leurs droits ou de leurs propriétés, seront portées devant les tribunaux.

Art. 5. — Tout individu qui se livrera à la pêche sur les fleuves et rivières navigables ou flottables, canaux, ruisseaux ou cours d'eau quelconques, sans la permission de celui à qui le droit de pêche appartient, sera condamné à une amende de vingt francs au moins et de cent francs au plus, indépendamment des dommages-intérêts.

Il y aura lieu, en outre, à la restitution du prix du poisson qui aura été pêché en délit, et la confiscation des filets et engins de pêche pourra être prononcée.

Néanmoins, il est permis à tout individu de pêcher à la ligne flottante tenue à la main dans les fleuves, rivières et canaux désignés dans les deux premiers paragraphes de l'article 1er de la présente loi, le temps du frai excepté.

Pêche sans permission.

La prohibition de pêcher sans la permission de celui auquel appartient le droit de pêche est absolue; en pareille matière, la bonne foi ne saurait être admise.

Les poursuites peuvent être exercées soit par le fermier de la pêche, soit par l'administration, soit par le ministère public. Le ministère public peut poursuivre d'office, et les gardes et gendarmes ont le droit de constater les délits spécifiés en l'article 5, sans plainte préalable du propriétaire du droit de pêche. (Voir l'article 36 de la même loi.)

La pêche sans permission du poisson mort constitue un délit aussi bien que celle du poisson vivant.

Confiscation des filets.

La confiscation des filets ou engins non prohibés n'est pas de rigueur, dans le cas prévu par notre article; elle est laissée à l'appréciation du juge et du juge seul. Les agents chargés de la police de la pêche ne devront donc pas, lorsqu'il s'agira de délits de ce genre, opérer la saisie des engins. (Voir l'article 39 et les notes sous cet article.)

Pêche à la ligne flottante.

La pêche à la ligne flottante n'est permise sans autorisation que dans les fleuves ou rivières navigables ou flottables dépendant du domaine public.

Ainsi, constituent des contraventions :

1° Le fait de pêcher à la ligne sans permission dans un cours d'eau non navigable ou non flottable, ou non accessible en tout temps aux bateaux pêcheurs, ou flottables à bûches perdues, dont la pêche appartient aux propriétaires riverains;

2° Le fait de pêcher à la ligne dans un cours d'eau dépendant non du domaine public, mais du domaine de l'Etat.

La ligne flottante doit être tenue à la main. Est licite l'usage de la ligne volante ainsi que celui de la ligne garnie de quelques petits grains de plomb, mais pourvue d'un flotteur. Est interdit l'usage de la ligne dormante, garnie de plombs et dépourvue de flotteur, et de tous les autres instruments de pêche du même genre.

L'emploi de la ligne flottante elle-même est défendu en temps de frai. (Art. 1er du décret du 5 septembre 1897.)

Le fait de pêcher dans un étang, vivier ou réservoir, appartenant à autrui, ne constitue pas un délit de pêche, mais un vol véritable, tombant sous l'application de l'article 388 du Code pénal.

TITRE II

DE L'ADMISSION ET DE LA RÉGIE DE LA PÊCHE

Art. 6. — Nul ne peut exercer l'emploi de garde-pêche s'il n'est âgé de vingt-cinq ans accomplis.

Art. 7. — Les préposés chargés de la surveillance de la pêche ne pourront entrer en fonctions qu'après avoir prêté serment devant le tribunal de première instance de leur résidence, et avoir fait enregistrer leur commission et l'acte de prestation au greffe des tribunaux dans le ressort desquels ils devront exercer leurs fonctions.

Dans le cas d'un changement de résidence qui les placerait dans un autre ressort en la même qualité, il n'y aura pas lieu à une nouvelle prestation de serment.

Art. 8. — Les gardes-pêche pourront être déclarés responsables des délits commis dans leurs cantonnements, et passibles des amendes et indemnités encourues par les délinquants, lorsqu'ils n'auront pas dûment constaté les délits.

Art. 9. — L'empreinte des fers dont les gardes-pêche font usage pour la marque des filets sera déposée au greffe des tribunaux de première instance.

Abrogé par l'article 9 de la loi du 31 mai 1865 (1).

TITRE III

DES ADJUDICATIONS DES CANTONNEMENTS DE PÊCHE.

Art. 10. — La pêche au profit de l'Etat sera exploitée soit par voie d'adjudication publique, soit par concession de licences à prix d'argent.

Le mode de concession par licence ne sera employé que lorsque l'adjudication aura été tentée sans succès.

Toutes les fois que l'adjudication d'un cantonnement de pêche n'aura pu avoir lieu, il sera fait mention, dans le procès-verbal de la séance, des mesures qui auront été prises pour donner toute la publicité possible à la mise en adjudication, et des circonstances qui se seront opposées à la location.

---

(1) Voir décret du 26 août 1865, après l'article 32.

Il peut être dérogé, en faveur des sociétés de pêcheurs à la ligne, au principe de l'adjudication dans les conditions déterminées par un règlement d'administration publique. (Loi du 20 janvier 1902.)

Art. 11. — L'adjudication publique devra être annoncée au moins quinze jours à l'avance par des affiches apposées dans le chef-lieu du département, dans les communes riveraines du cantonnement et dans les communes environnantes.

Art. 12. — Toute location faite autrement que par adjudication publique sera considérée comme clandestine et déclarée nulle. Les fonctionnaires et agents qui l'auraient ordonnée ou effectuée seront condamnés solidairement à une amende égale au double du fermage annuel du cantonnement de pêche.

Sont exceptées les concessions par voie de licence.

Art. 13. — Sera de même annulée toute adjudication qui n'aura point été précédée des publications et affiches prescrites par l'article 11, ou qui aura été effectuée dans d'autres lieux à autres jour et heure que ceux qui auront été indiqués par les affiches ou les procès-verbaux de remise en location.

Les fonctionnaires ou agents qui auraient contrevenu à ces dispositions seront condamnés solidairement à une amende égale à la valeur annuelle du cantonnement de pêche, et une amende pareille sera prononcée contre les adjudicataires, en cas de complicité.

Art. 14. — Toutes les contestations qui pourront s'élever pendant les opérations soit sur la solvabilité de ceux qui auront fait des offres et de leurs cautions, seront décidées immédiatement par le fonctionnaire qui présidera la séance d'adjudication.

Art. 15. — Ne pourront prendre part aux adjudications, ni par eux-mêmes ni par personnes interposées, directement ou indirectement, soit comme parties principales, soit comme associés ou caution :

1° Les agents et gardes forestiers et les gardes-pêche, dans toute l'étendue du royaume; les fonctionnaires chargés de présider ou de concourir aux adjudications, et les receveurs du produit de la pêche dans toute l'étendue du territoire où ils exercent leurs fonctions. — En cas de contravention, ils seront punis d'une amende qui ne pourra excéder le quart ni être moindre du douzième du montant de l'adjudication, et ils seront, en outre, passibles de l'emprisonnement et de l'interdiction qui sont prononcés par l'article 175 du Code pénal;

2° Les parents et alliés en ligne directe, les frères et beaux-frères, oncles et neveux des agents et gardes forestiers et gardes-pêche, dans toute l'étendue du territoire pour lequel ces agents ou gardes sont commissionnés. — En cas de contravention, ils seront punis d'une amende égale à celle qui est prononcée par le paragraphe précédent.

3° Les conseillers de préfecture, les juges, officiers du ministère public et greffiers des tribunaux de première instance dans tout l'arrondissement de leur ressort. — En cas de contravention, ils seront passibles de tous dommages-intérêts, s'il y a lieu.

Toute adjudication qui serait faite en contravention aux dispositions du présent article sera déclarée nulle.

Art. 16. — Toute association secrète, toute manœuvre entre les pêcheurs ou autres, tendant à nuire aux adjudications, à les troubler ou à obtenir les cantonnements de pêche à plus bas prix, donnera lieu à l'application des peines portées à l'article 412 du Code pénal, indépendamment de tous dommages-intérêts, et si l'adjudication a été faite au profit de l'association secrète ou des auteurs desdites manœuvres, elle sera déclarée nulle.

Art. 17. — Aucune déclaration de command ne sera admise, si elle n'est faite immédiatement après l'adjudication et séance tenante.

Art. 18. — Faute par l'adjudicataire de fournir les cautions exigées par le cahier des charges dans le délai prescrit, il sera déclaré déchu de l'adjudication par un arrêté du préfet, et il sera procédé, dans les formes ci-dessus prescrites, à une nouvelle adjudication du cantonnement de pêche, à sa folle enchère.

L'adjudicataire déchu sera tenu, par corps, de la différence entre son prix et celui de la nouvelle adjudication, sans pouvoir réclamer l'excédent s'il y en a.

La contrainte par corps a été abolie en matière civile par la loi du 22 juillet 1867.

Art. 19. — Toute adjudication sera définitive du moment où elle sera prononcée, sans que, dans aucun cas, il puisse y avoir lieu à surenchère.

Art. 20. — Les divers modes d'adjudication seront déterminés par une ordonnance.

Les adjudications auront toujours lieu avec publicité et concurrence.

Art. 21. — Les adjudicataires seront tenus d'élire domicile dans le lieu où l'adjudication aura été faite; à défaut de quoi, tous actes postérieurs leur seront valablement signifiés au secrétariat de la sous-préfecture.

Art. 22. — Tout procès-verbal d'adjudication emporte exécution parée et contrainte par corps contre les adjudicataires, leurs associés et cautions, tant pour le payement du prix principal de l'adjudication que pour accessoires et frais.

Les cautions sont, en outre, contraignables solidairement et par les mêmes voies au payement des dommages, restitutions et amendes qu'aurait encourus l'adjudicataire.

Voir plus haut la note sous l'article 18.

TITRE IV

CONSERVATION ET POLICE DE LA PÊCHE

Art. 23. — Nul ne pourra exercer le droit de pêche dans les fleuves ou rivières navigables ou flottables, les canaux, ruisseaux ou cours d'eau quelconques, qu'en se conformant aux dispositions suivantes :

Les règles posées dans le titre IV s'appliquent à tous les cours d'eau. Mais il est, bien entendu, fait exception pour les réservoirs, étangs, fossés, canaux ne communiquant ni naturellement ni artificiellement avec une rivière, dont les propriétaires ont le droit de pêcher en tout temps et par tous moyens.

Art. 24. — Il est interdit de placer, dans les rivières navigables et flottables, canaux et ruisseaux, aucun barrage, appareil ou établissement quelconque de pêcherie, ayant pour objet d'empêcher entièrement le passage du poisson.

Les délinquants seront condamnés à une amende de cinquante à cinq cents francs, et, en outre, aux dommages-intérêts, et les appareils ou établissements de pêche seront saisis et détruits.

Sont des barrages prohibés, dans le sens de cet article, un filet unique ou des filets juxtaposés tendus dans toute la largeur des cours d'eau, quoique la mobilité de ces filets permette le passage du poisson par instants.

Les barrages partiels ne sont pas interdits.

Toutefois, l'établissement d'un filet tendu en travers d'un cours d'eau constitue le délit prévu par l'article 24, quoique ce filet n'ait pas la même largeur que la rivière, si d'un côté se trouvent des herbages formant clôture, et si, de l'autre côté, le pêcheur se livre à des manœuvres ayant pour but d'empêcher la sortie du poisson. — Voir aussi l'article 11 du décret du 5 septembre 1897, qui interdit l'usage de filets excédant en largeur les deux tiers de la largeur ou de la longueur du cours d'eau. — Voyez aussi l'article 14 du même décret.

Art. 25. — Quiconque aura jeté dans les eaux des drogues ou appâts qui sont de nature à enivrer le poisson ou à le détruire, sera puni d'une amende de trente à trois cents francs, et d'un emprisonnement d'un mois à trois mois.

Ceux qui se seront servis de la dynamite ou d'autres produits de même nature seront passibles d'une amende de deux cents à cinq cents francs et d'un emprisonnement de trois mois à un an.

Les dispositions de cet article doivent être entendues dans un sens rigoureux et s'appliquent au jet de toutes sortes de drogues de nature à enivrer le poisson ou à le détruire.

Les principales substances employées sont la chaux, la noix vomique, la coque du Levant; mais il est impossible d'en dresser une nomenclature complète; ce sera au juge correctionnel à apprécier si la drogue jetée dans le cours d'eau est de la nature de celles que prohibe la loi.

L'intention de se livrer à la pêche n'est pas nécessaire pour constituer ce délit; il suffit que le jet de drogues ait été volontaire et que l'auteur du fait en ait connu les propriétés nuisibles.

Le mot jet ne comprend pas seulement l'action proprement dite de jeter, de lancer une substance nuisible dans un cours d'eau, mais encore le fait de l'y laisser couler.

Ainsi tombe sous l'application de l'article 25 le maître d'une usine qui laisse écouler dans une rivière les résidus de sa fabrique, sachant qu'ils sont de nature à enivrer ou à détruire le poisson.

L'empoisonnement des poissons d'un étang, vivier ou réservoir ne tombe pas sous l'application de cet article, mais sous celle de l'article 452 du Code pénal.

Art. 26. — Des ordonnances détermineront :

1° Les temps, saisons et heures pendant lesquels la pêche sera interdite dans les rivières et cours d'eau quelconques;

2° Les procédés et modes de pêche qui, étant de nature à nuire au repeuplement des rivières, devront être prohibés;

3° Les filets, engins et instruments de pêche qui seront défendus comme étant aussi de nature à nuire au repeuplement des rivières;

4° Les dimensions de ceux dont l'usage sera permis dans les divers départements pour la pêche des différentes espèces de poissons;

5° Les dimensions au-dessous desquelles les poissons de certaines espèces qui seront désignées ne pourront être pêchés, et devront être rejetés en rivière;

6° Les espèces de poissons avec lesquelles il sera défendu d'appâter les hameçons, nasses, filets ou autres engins.

C'est le décret du 5 septembre 1897 qui a réglé ces divers points.

L'article 26 s'applique même à l'écrevisse.

Art. 27. — Quiconque se livrera à la pêche pendant les temps, saisons et heures prohibés par les ordonnances sera puni d'une amende de trente à deux cents francs.

Les temps, saisons et heures pendant lesquels la pêche est prohibée sont déterminés par les articles 1 et 6 du décret du 5 septembre 1897.

La pêche n'est défendue en aucun temps dans les étangs particuliers.

Il est entendu que l'étang ainsi qualifié ne doit avoir aucune communication avec un cours d'eau quelconque, à moins d'en être séparé par un grillage interdisant le passage des poissons.

La même condition de non-communication est essentielle pour les canaux ou fossés entretenus par leurs propriétaires.

La pêche sans autorisation dans un étang constitue le délit de vol de poissons (article 388 du Code pénal).

Art. 28. — Une amende de trente à cent francs sera prononcée contre ceux qui font usage, en quelque temps et en quelque fleuve, rivière, canal ou ruisseau que ce soit, de l'un des procédés ou modes de pêche ou de l'un des instruments ou engins de pêche prohibés par les ordonnances.

Si le délit a eu lieu pendant le temps

du frai, l'amende sera de soixante à deux cents francs.

Voyez les articles 9, 10 et suivants du décret du 5 septembre 1897.

Art. 29. — Les mêmes peines seront prononcées contre ceux qui se serviront, pour une autre pêche, de filets permis seulement pour celle du poisson de petite espèce.

Ceux qui seront trouvés porteurs ou munis, hors de leur domicile, d'engins ou instruments de pêche prohibés pourront être condamnés à une amende qui n'excédera pas vingt francs, et à la confiscation des engins ou instruments de pêche, à moins que ces engins ou instruments ne soient destinés à la pêche dans des étangs ou réservoirs.

Le délit prévu par le premier paragraphe de l'article 29 ne se présume pas. Il ne sera donc possible de dresser un procès-verbal que lorsque le délinquant aura été surpris venant de prendre du poisson de grosse espèce avec un filet destiné à la pêche du poisson de petite espèce.

Transport d'engins prohibés.

La loi ne punit ni la vente ni la détention à domicile, mais simplement le transport des engins de pêche prohibés.

C'est au pêcheur à établir la circonstance que les engins étaient destinés à la pêche d'un étang ou d'un réservoir; dès qu'il est rencontré, hors de son domicile, porteur ou muni d'instruments de pêche prohibés, il y a présomption de délit et procès-verbal doit être dressé contre lui.

Art. 30. — Quiconque pêchera, colportera ou débitera des poissons qui n'auront pas les dimensions déterminées par les ordonnances, sera puni d'une amende de vingt à cinquante francs et de la confiscation desdits poissons. — Sont néanmoins exceptées de cette disposition les ventes de poissons provenant des étangs ou réservoirs.

Sont considérés comme des étangs ou réservoirs les fossés ou canaux appartenant à des particuliers, dès que leurs eaux cessent naturellement de communiquer avec les rivières.

Les termes de cet article sont formels. Il prévoit trois délits distincts : 1° la pêche, 2° la vente, 3° le colportage, c'est-à-dire le transport pour vendre du poisson n'ayant pas les dimensions réglementaires.

Le transport simple ne tombe pas sous l'application de la loi.

Ainsi, ne peut être considéré comme délinquant celui qui est trouvé porteur, hors de son domicile, de poissons au-dessous de la taille, destinés à l'alimentation de sa famille; mais il y a délit si les poissons sont destinés à être revendus.

Il faut bien remarquer qu'il ne s'agit ici que de poissons n'ayant pas les dimensions déterminées par les ordonnances et non de poissons pêchés en temps prohibé, dont la loi punit non seulement le colportage, mais même le simple transport. (V. art. 5 de la loi du 31 mai 1865.)

C'est à celui qui a été surpris vendant ou colportant des poissons n'ayant pas les dimensions voulues qu'il appartient de prouver que ces poissons proviennent d'étangs ou de réservoirs. Cette preuve ne saurait être suppléée par la bonne foi du prévenu ou le fait qu'il a lui-même acheté les poissons sur un marché public.

Art. 31. — La même peine sera prononcée contre les pêcheurs qui appâteront leurs hameçons, nasses, filets ou autres engins avec des poissons des espèces prohibées, qui seront désignées par les ordonnances.

C'est aux préfets qu'il appartient de déterminer les espèces de poissons avec lesquelles il est défendu d'appâter. (V. art. 16 du décret du 5 septembre 1897.)

Art. 32. — Les fermiers de la pêche et porteurs de licences, leurs associés, compagnons et gens à gages, ne pourront faire usage d'aucun filet ou engin quelconque, qu'après qu'il aura été plombé ou marqué par les agents de l'administration de la police de la pêche.

La même obligation s'étendra à tous autres pêcheurs compris dans les limites de l'inscription maritime, pour les engins et filets dont ils feront usage dans les cours d'eau désignés par les paragraphes 1 et 2 de l'article 1er de la présente loi.

Les délinquants seront punis d'une amende de vingt francs pour chaque filet ou engin non plombé ou marqué.

Abrogé par le décret du 26 août 1865 ainsi conçu :

Décret relatif à la vérification des filets.

« Art. 1er. — La vérification de la dimension des mailles des filets et de l'espacement des verges des nasses autorisées pour la pêche de chaque espèce de poisson s'effectuera au moyen d'un instrument quadrangulaire portant à sa surface des traits accompagnés de chiffres indiquant les longueurs des côtés des mailles correspondantes à chaque espèce.

» Cet instrument sera fourni par l'Administration et poinçonné par elle. Un exemplaire en sera déposé au greffe de chaque tribunal civil.

» Pour opérer la vérification, l'instrument sera introduit successivement dans plusieurs mailles prises au hasard. »

Tout garde-pêche doit être muni de l'instrument désigné ci-dessus et peut, chaque fois qu'il le juge utile, effectuer la vérification des filets.

Mais les pêcheurs ne sont plus aujourd'hui tenus, avant de se servir de leurs filets, de les soumettre à une vérification préalable, ils ne sont plus, par suite, passibles de l'amende de 20 francs fixée par l'article 32.

Art. 33. — Les contre-maîtres, les employés du balisage et les mariniers qui fréquentent les fleuves, rivières et canaux navigables ou flottables ne pourront avoir dans leurs bateaux ou équipages aucun filet ou engin de pêche, même non prohibé, sous peine d'une amende de cinquante francs et de la confiscation des filets.

A cet effet, ils seront tenus de souffrir la visite sur leurs bateaux et équipages des agents chargés de la police de la pêche, aux lieux où ils aborderont.

La même amende sera prononcée contre ceux qui s'opposeront à cette visite.

Cet article a pour but de sauvegarder les

intérêts des fermiers de la pêche et des porteurs de licence.

Il s'applique aux pêcheurs de profession et en général à tous les individus, sauf les fermiers de la pêche et les porteurs de licence, qui parcourent avec leurs bateaux les rivières navigables ou flottables.

Mais on n'est tenu de souffrir la visite des agents de la police de la pêche qu à l'endroit où abordent les bateaux.

Art. 34. — Les fermiers de la pêche et les porteurs de licence, et tous pêcheurs en général, dans les rivières et canaux désignés par les deux premiers paragraphes de l'article 1er de la présente loi, seront tenus d'amener leurs bateaux, et de faire l'ouverture de leurs loges et hangars, hannetons, huches et autres réservoirs ou boutiques à poisson, sur leurs cantonnements, à toute réquisition des agents et préposés de l'Administration de la pêche, à l'effet de constater les contraventions qui pourraient être par eux commises aux dispositions de la présente loi.

Ceux qui s'opposeront à la visite ou refuseront l'ouverture de leurs boutiques à poisson seront, pour ce seul fait, punis d'une amende de cinquante francs.

L'obligation prescrite par l'article 34 n'est imposée qu'aux pêcheurs en général; elle ne saurait donc s'appliquer aux mariniers, aux canotiers, en un mot aux gens de rivière qui ne se livrent pas d'habitude à la pêche.

Art. 35. — Les fermiers et porteurs de licence ne pourront user sur les fleuves, rivières et canaux navigables que du chemin de halage : sur les rivières et les cours d'eau flottables, que du marchepied. Ils traiteront de gré à gré avec les propriétaires riverains pour l'usage des terrains dont ils auront besoin pour retirer et asséner leurs filets.

TITRE V

DES POURSUITES EN RÉPARATION DE DÉLITS

SECTION PREMIÈRE

Des poursuites exercées au nom de l'Administration.

Art. 36. — Le gouvernement exerce la surveillance et la police de la pêche dans l'intérêt général.

En conséquence, les agents spéciaux par lui institués à cet effet, ainsi que les gardes champêtres, éclusiers des canaux et autres officiers de police judiciaire, sont tenus de constater les délits qui sont spécifiés au titre IV de la présente loi, en quelques lieux qu'ils soient commis, et lesdits agents spéciaux exerceront, conjointement avec les officiers du ministère public, toutes les poursuites et actions en réparation de ces délits.

Les mêmes agents et gardes de l'Administration, les gardes champêtres, les éclusiers, les officiers de police judiciaire pourront constater également le délit spécifié en l'article 5, et ils transmettront leurs procès-verbaux aux procureurs du roi.

Le ministère public et même l'administration peuvent, en général, poursuivre d'office tous les délits de pêche.

Dans le cas de pêche sans le consentement du propriétaire riverain, il n'est pas besoin, pour dresser procès-verbal et poursuivre le délit, d'une plainte préalable du propriétaire.

Les gendarmes, quel que soit leur grade, ont qualité pour constater tous les délits de pêche.

Art. 37. — Les gardes-pêche nommés par l'Administration sont assimilés aux gardes forestiers.

Art. 38. — Ils recherchent et constatent par procès-verbaux les délits dans l'arrondissement du tribunal près duquel ils sont assermentés.

Les gendarmes ont le droit de verbaliser pour délits de pêche sur toute l'étendue du territoire de la République.

Les gardes-pêche ne peuvent exercer ce droit que dans l'arrondissement du tribunal qui a reçu leur serment.

Art. 39. — Ils sont autorisés à saisir les filets et autres instruments de pêche prohibés ainsi que le poisson pêché en délit.

Dans quel cas l'agent appelé à constater un délit de pêche devra-t-il opérer la saisie des instruments de pêche?

Toutes les fois qu'il s'agira d'engins prohibés. Dans ce cas, en effet, le juge est obligé de prononcer la confiscation. (V. art. 24 et 29, § 2.)

Mais, au contraire, s'il s'agit de délits de pêche en temps prohibé ou avec des filets destinés seulement aux petites espèces (art. 27 et 29, § 1er), les engins ne doivent pas être saisis, s'ils sont réglementaires. Les articles 27 et 29, paragraphe premier, n'établissent pas, en effet, contre le délinquant la peine de la confiscation.

En ce qui touche spécialement l'article 5 (pêche sans autorisation du propriétaire), le juge pourra seul décider s'il y a lieu ou non à confiscation, puisque la loi lui laisse cette latitude. Les gardes-pêche, gendarmes et autres ne devront donc point encore pratiquer de saisie dans ce cas.

Art. 40. — Les gardes-pêche ne pourront, sous aucun prétexte, s'introduire dans les maisons et enclos y attenant pour la recherche des filets prohibés.

Mais ils peuvent pratiquer des visites domiciliaires, sur réquisitoire du ministère public et sur ordonnance du juge d'instruction.

Par exception, il est permis de s'introduire dans le domicile des aubergistes et des marchands de denrées comestibles, pour la recherche du poisson pêché ou colporté en temps prohibé.

Art. 41. — Les filets et engins de pêche qui auront été saisis comme prohibés ne pourront, dans aucun cas, être remis sous caution : ils seront déposés au greffe, et y demeureront jusqu'après le jugement, pour être ensuite détruits.

Les filets non prohibés dont la confiscation aurait été prononcée en exécution de l'article 5 seront vendus au profit du Trésor.

En cas de refus, de la part des délinquants, de remettre immédiatement le filet déclaré prohibé après la sommation du garde-pêche, ils seront condamnés à une amende de cinquante francs.

Art. 42. — Quant au poisson saisi pour cause de délit, il sera vendu sans délai dans la commune la plus voisine du lieu de la saisie, à son de trompe et aux enchères publiques, en vertu d'ordonnance du juge de paix ou de ses suppléants, si la vente a lieu dans un chef-lieu de canton, ou, dans le cas contraire, d'après l'autorisation du maire de la commune; ces ordonnances ou autorisations seront délivrées sur la requête des agents ou gardes qui auront opéré la saisie, et sur la présentation du procès-verbal régulièrement dressé et affirmé par eux.

Dans tous les cas, la vente aura lieu en présence du receveur des domaines, et, à défaut, du maire ou adjoint de la commune, ou du commissaire de police.

En pratique, la vente est souvent remplacée par la remise du poisson à l'établissement de bienfaisance le plus voisin. Dans ce cas, récépissé doit être joint au procès-verbal.

Art. 43. — Les gardes-pêche ont le droit de requérir directement la force publique pour la répression des délits en matière de pêche, ainsi que pour la saisie des filets prohibés et du poisson pêché en délit.

Art. 44. — Ils écriront eux-mêmes leurs

procès-verbaux; ils les signeront et les affirmeront, au plus tard, le lendemain de la clôture desdits procès-verbaux, pardevant le juge de paix du canton ou l'un de ses suppléants, ou par-devant le maire ou l'adjoint, soit de la commune de leur résidence, soit de celle où le délit a été commis ou constaté; le tout sous peine de nullité.

Toutefois, si, par suite d'un empêchement quelconque, le procès-verbal est seulement signé par le garde-pêche, mais non écrit en entier de sa main, l'officier public qui en recevra l'affirmation devra lui en donner préalablement lecture, et faire ensuite mention de cette formalité; le tout sous peine de nullité du procès-verbal.

Le délai de vingt-quatre heures court à partir de la clôture du procès-verbal.

Art. 45. — Les procès-verbaux dressés par les agents forestiers, les gardes généraux et les gardes à cheval, soit isolément, soit avec le concours des gardes-pêche et des gardes champêtres, ne seront point soumis à l'affirmation.

Art. 46. — Dans le cas où le procès-verbal portera saisie, il en sera fait une expédition qui sera déposée dans les vingt-quatre heures au greffe de la justice de paix, pour qu'il puisse en être donné communication à ceux qui réclameraient les objets saisis.

Le délai ne courra que du moment de

l'affirmation pour les procès-verbaux qui sont soumis à cette formalité.

Art. 47. — Les procès-verbaux seront, sous peine de nullité, enregistrés dans les quatre jours qui suivront celui de l'affirmation, ou celui de la clôture du procès-verbal, s'il n'est pas sujet à l'affirmation.

L'enregistrement s'en fera en débet.

Art. 48. — Toutes les poursuites exercées en réparation de délit pour fait de pêche seront portées devant les tribunaux correctionnels.

Le décret du 5 novembre 1926, étendant la compétence des juges de paix, a donné à ces magistrats la connaissance des délits prévus par les articles 12, 13, 27, 30, 31, 32, 33 et 41 de la loi du 15 avril 1829 sur la police de la pêche.

Art. 49. — L'acte de citation doit, à peine de nullité, contenir la copie du procès-verbal et de l'acte d'affirmation.

Art. 50. — Les gardes de l'Administration chargés de la surveillance de la pêche pourront, dans les actions et poursuites exercées en son nom, faire toutes citations et significations d'exploits, sans pouvoir procéder aux saisies-exécutions.

Leurs rétributions pour les actes de ce genre seront taxées comme pour les actes faits par les huissiers des juges de paix.

Art. 51. — Les agents de cette administration ont le droit d'exposer l'affaire devant le tribunal, et sont entendus à l'appui de leurs conclusions.

Art. 52. — Les délits en matière de pêche seront prouvés, soit par procès-verbaux, soit par témoins, à défaut de procès-verbaux ou en cas d'insuffisance de ces actes.

Les gardes-pêche, gendarmes et autres agents cités ont droit à la même taxe que les témoins ordinaires.

Art. 53. — Les procès-verbaux revêtus de toutes les formalités prescrites par les articles 43 et 47 ci-dessus, et qui sont dressés et signés par deux agents ou gardes-pêche, font preuve, jusqu'à inscription de faux, des faits matériels relatifs aux délits qu'ils constatent, quelles que soient les condamnations auxquelles ces délits peuvent donner lieu.

Il ne sera, en conséquence, admis aucune preuve outre ou contre le contenu de ces procès-verbaux, à moins qu'il n'existe une cause légale de récusation contre l'un des signataires.

Art. 54. — Les procès-verbaux revêtus de toutes les formalités prescrites, mais qui ne seront dressés et signés que par un seul agent ou garde-pêche, feront de même preuve suffisante jusqu'à inscription de faux, mais seulement lorsque le délit n'entraînera pas une condamnation de plus de cinquante francs, tant pour amende que pour dommages-intérêts.

Art. 55. — Les procès-verbaux qui, d'après les dispositions qui précèdent, ne font point foi et preuve suffisante jusqu'à inscription de faux, peuvent être corroborés et combattus par toutes les preuves légales, conformément à l'article 154 du Code d'instruction criminelle.

Art. 56. — Le prévenu qui voudra s'inscrire en faux contre le procès-verbal sera tenu d'en faire, par écrit en personne, ou par un fondé de pouvoir spécial par acte notarié, la déclaration au greffe du tribunal, avant l'audience indiquée par la citation.

Cette déclaration sera reçue par le greffier du tribunal; elle sera signée par le prévenu ou son fondé de pouvoir; et, dans le cas où il ne saurait ou ne pourrait signer, il en sera fait mention expresse.

Au jour indiqué pour l'audience, le tribunal donnera acte de la déclaration et fixera un délai de huit jours au moins et quinze jours au plus, pendant lequel le prévenu sera tenu de faire au greffe le dépôt des moyens de faux et des noms, qualités et demeures des témoins qu'il voudra faire entendre.

A l'expiration de ce délai et sans qu'il soit besoin d'une citation nouvelle, le tribunal admettra les moyens de faux, s'ils sont de nature à détruire l'effet du procès-verbal, et il sera procédé sur le faux, conformément aux lois.

Dans le cas contraire, et faute par le prévenu d'avoir rempli toutes les formalités ci-dessus prescrites, le tribunal déclarera qu'il n'y a lieu à admettre les moyens de faux, et ordonnera qu'il soit passé outre au jugement.

Art. 57. — Le prévenu contre lequel aura été rendu un jugement par défaut sera encore admissible à faire sa déclaration d'inscription de faux, pendant le délai qui lui est accordé par la loi pour se présenter à l'audience sur l'opposition par lui formée.

Art. 58. — Lorsqu'un procès-verbal sera rédigé contre plusieurs prévenus, et qu'un ou quelques-uns d'entre eux seulement s'inscriront en faux, le procès-verbal continuera de faire foi à l'égard des autres, à moins que le fait sur lequel portera l'inscription de faux ne soit indivisible et commun aux autres prévenus.

Art. 59. — Si, dans une instance en réparation de délit, le prévenu excipe d'un droit de propriété ou tout autre droit réel, le tribunal saisi de la plainte statuera sur l'incident.

L'exception préjudicielle ne sera admise qu'autant qu'elle sera fondée soit sur un titre apparent, soit sur des faits de possession équivalents, articulés avec précision, et si le titre produit ou les faits articulés sont de nature, dans le cas où ils seraient reconnus par l'autorité compétente, à ôter au fait qui sert de bases aux poursuites tout caractère de délit.

Dans les cas de renvoi à fins civiles, le jugement fixera un bref délai dans lequel la partie qui aura élevé la question préjudicielle devra saisir les juges compétents de la connaissance du litige, et justifier de ses diligences; sinon, il sera passé outre. Toutefois, en cas de condamnation, il sera sursis à l'exécution du jugement sous le rapport de l'emprisonnement, s'il était prononcé, et le montant des amendes, restitutions et dommages-intérêts sera versé à la Caisse des dépôts et consignations, pour être remis à qui il sera ordonné par le tribunal qui statuera sur le fond du droit.

Art. 60. — Les agents de l'Administration chargée de la surveillance de la pêche peuvent, en son nom, interjeter appel des jugements, et se pourvoir contre les arrêts et jugements en dernier ressort; mais ils ne peuvent se désister de leurs appels sans son autorisation spéciale.

Art. 61. — Le droit attribué à l'Administration et à ses agents de se pourvoir contre les jugements et arrêts, par appel ou par recours en cassation, est indépendant de la même faculté qui est accordée par la loi au ministère public, lequel peut toujours en user, même lorsque l'Administration ou ses agents auraient acquiescé aux jugements et arrêts.

Art. 62. — Les actions en réparation de délits en matière de pêche se prescrivent par trois mois à compter du jour où les délits ont été constatés (1).

(1) Loi du 18 novembre 1898.

Art. 63. — Les dispositions de l'article précédent ne sont pas applicables aux délits et malversations commis par les agents, préposés ou gardes de l'Administration dans l'exercice de leurs fonctions: les délais de prescription à l'égard de ces préposés et de leurs complices seront les mêmes que ceux qui sont déterminés par le Code d'instruction criminelle.

Art. 64. — Les dispositions du Code d'instruction criminelle sur les poursuites des délits, sur défauts, oppositions, jugements, appels et recours en cassation, sont et demeurent applicables à la poursuite des délits spécifiés par la présente loi, sauf les modifications qui résultent du présent titre.

SECTION II

Des poursuites exercées au nom et dans l'intérêt des fermiers de la pêche et des particuliers.

Art. 65. — Les délits qui portent préjudice aux fermiers de la pêche, aux porteurs de licence et aux propriétaires riverains, seront constatés par leurs gardes, lesquels seront assimilés aux gardes-bois des particuliers.

Ces délits peuvent être constatés par les gardes désignés dans le présent article, et aussi par tous les agents désignés en l'article 26.

Art. 66. — Les procès-verbaux dressés

par ces gardes feront foi jusqu'à preuve contraire.

Art. 67. — Les poursuites et actions seront exercées au nom et à la diligence des parties intéressées.

Elles peuvent aussi être exercées d'office et sans plainte du propriétaire par le ministère public.

Art. 68. — Les dispositions contenues aux articles 38, 39, 40, 41, 42, 43, 44, 45, 46, 47, paragraphe 1er, 49, 52, 59, 62 et 64 de la présente loi, sont applicables aux poursuites exercées au nom et dans l'intérêt des particuliers et des fermiers de la pêche, pour les délits commis à leur préjudice.

TITRE VI

DES PEINES ET CONDAMNATIONS

Art. 69. — Dans le cas de récidive, la peine sera toujours doublée.

Il y a récidive lorsque, dans les douze mois précédents, il a été rendu contre le délinquant un premier jugement en matière de pêche.

Modifié par l'article 7 de la loi du 31 mai 1865, en ce qui concerne la pêche dans une partie de cours d'eau réservée pour la reproduction et en ce qui touche la vente, achat, colportage, ou transport de poisson pris en temps de frai.

Art. 70. — Les peines seront également doublées lorsque les délits auront été commis la nuit.

Même observation que pour l'article précédent.

La répression des délits de pêche commis la nuit a été recommandée à l'attention de la gendarmerie par une circulaire du ministre de la Guerre en date du 24 mai 1865.

Art. 71. — Dans tous les cas où il y aura lieu à adjuger des dommages-intérêts, ils ne pourront être inférieurs à l'amende simple prononcée par le jugement.

Art. 72. — Dans tous les cas prévus par la présente loi, si le préjudice causé n'excède pas vingt-cinq francs, et si les circonstances paraissent atténuantes, les tribunaux sont autorisés à réduire l'emprisonnement même au-dessous de six jours et l'amende même au-dessous de seize francs; ils pourront aussi prononcer séparément l'une ou l'autre de ces peines, sans qu'en aucun cas elle puisse être au-dessous des peines de simple police.

Art. 73. — Les restitutions et dommages-intérêts appartiennent aux fermiers, porteurs de licence et propriétaires riverains, si le délit est commis à leur préjudice; mais, lorsque le délit a été commis par eux-mêmes au détriment de l'intérêt général, ces dommages-intérêts appartiennent à l'Etat.

Appartiennent également à l'Etat toutes les amendes et confiscations.

Art. 74. — Les maris, pères, mères, tuteurs, fermiers et porteurs de licence, ainsi que tous propriétaires, maîtres et commettants, seront civilement responsables des délits en matière de pêche commis par leurs femmes, enfants mineurs, pupilles, bateliers et compagnons, et tous autres subordonnés, sauf tout recours de droit.

Cette responsabilité sera réglée conformément à l'article 1384 du Code civil.

TITRE VII

DE L'EXÉCUTION DES JUGEMENTS

SECTION PREMIÈRE

De l'exécution des jugements rendus à la requête de l'administration ou du ministère public.

Art. 75. — Les jugements rendus à la requête de l'administration chargée de la police de la pêche ou sur la poursuite du ministère public seront signifiés par simple extrait, qui contiendra le nom des parties et le dispositif du jugement.

Cette signification fera courir les délais de l'opposition et de l'appel des jugements par défaut.

Art. 76. — Le recouvrement de toutes les amendes pour délit de pêche est confié au receveur de l'enregistrement et des domaines. Ces receveurs sont également chargés du recouvrement des restitutions, frais et dommages-intérêts résultant des jugements rendus en matière de pêche.

Ce sont les percepteurs qui sont aujourd'hui chargés du recouvrement des amendes et des frais.

Art. 77. — Les jugements portant condamnation à des amendes, restitutions, dommages-intérêts et frais, sont exécutoires par la voie de la contrainte par corps, et l'exécution pourra en être poursuivie cinq jours après un simple commandement fait aux condamnés.

En conséquence, et sur la demande du receveur de l'enregistrement (1) et des domaines, le procureur de la République adressera les réquisitions nécessaires aux agents de la force publique chargés de l'exécution des mandements de justice.

Art. 78. — Les individus contre lesquels la contrainte par corps aura été prononcée pour raison des amendes et autres condamnations et réparations pécuniaires subiront l'effet de cette contrainte jusqu'à ce qu'ils aient payé le montant desdites condamnations, ou fourni une caution admise par le receveur des domaines, ou, en cas de contestation de sa part, déclarée bonne et valable par le tribunal de l'arrondissement.

Article 18 *de la loi du* 22 *juillet* 1867.

« ...En matière forestière et de pêche fluviale, lorsque le débiteur ne fait pas les justifications de l'article 420 du Code d'instruction criminelle, la durée de la contrainte par corps est fixée par le jugement dans les limites de huit jours à six mois. »

---

(1) En pratique, le percepteur.

Art. 79. — Néanmoins, les condamnés qui justifieront de leur insolvabilité suivant le mode prescrit par l'article 420 du Code d'instruction criminelle seront mis en liberté après avoir subi quinze jours de détention, lorsque l'amende et les autres condamnations pécuniaires n'excéderont pas quinze francs.

La détention ne cessera qu'au bout d'un mois, lorsque les condamnations s'élèveront ensemble de quinze à cinquante francs.

Elle ne durera que deux mois, quelle que soit la quotité desdites condamnations.

En cas de récidive, la durée de la détention sera double de ce qu'elle eût été sans cette circonstance.

Art. 80. — Dans tous les cas, la détention employée comme moyen de contrainte est indépendante de la peine d'emprisonnement prononcée contre les condamnés pour tous les cas où la loi l'inflige.

SECTION II

De l'exécution des jugements rendus dans l'intérêt des fermiers de la pêche et des particuliers.

Art. 81. — Les jugements contenant des condamnations en faveur des fermiers de la pêche, des porteurs de licence et des particuliers, pour réparation des délits commis à leur préjudice, seront, à leur diligence, signifiés et exécutés suivant les mêmes formes et voies de contrainte que les jugements rendus à la requête de l'administration chargée de la surveillance de la pêche.

Le recouvrement des amendes prononcées par les mêmes jugements sera opéré par les receveurs de l'enregistrement et des domaines.

Art. 82. — La mise en liberté des condamnés détenus par voie de contrainte par corps à la requête et dans l'intérêt des particuliers ne pourra être accordée, en vertu des articles 78 et 79, qu'autant que la validité des cautions ou la solvabilité des condamnés aura été, en cas de contestation de la part desdits propriétaires, jugée contradictoirement entre eux.

TITRE VIII

DISPOSITIONS GÉNÉRALES

Art. 83. — Sont et demeurent abrogés toutes lois, ordonnances, édits et déclarations, arrêts du conseil, arrêtés et décrets, et tous règlements intervenus, à quelque époque que ce soit, sur les matières réglées par la présente loi, en tout ce qui concerne la pêche.

Mais les droits acquis antérieurement à la présente loi seront jugés, en cas de contestation, d'après les lois existant avant sa promulgation.

LOI DU 31 MAI 1865 RELATIVE A LA PÊCHE (1)

Art. 1er. — Des décrets rendus en Conseil d'Etat, après avis des conseils généraux de département, détermineront :

1° Les parties des fleuves, rivières, canaux et cours d'eau réservées pour la reproduction, et dans lesquelles la pêche des diverses espèces de poissons sera absolument interdite pendant l'année entière;

2° Les parties des fleuves, rivières, canaux et cours d'eau dans les barrages desquels il pourra être établi, après enquête, un passage appelé échelle, destiné à assurer la libre circulation du poisson.

Dans les parties de cours d'eau désignées par cet article, toute pêche est interdite, même celle à la ligne flottante tenue à la main, même celle de l'écrevisse.

Pendant les périodes d'interdiction de la pêche, il est défendu de laisser vaguer les oies, les canards et autres animaux aquatiques susceptibles de détruire le frai du poisson, sur les canaux et cours d'eau, dans l'étendue

(1) Deux décrets, en date des 30 et 31 décembre 1904, interdisent la pêche dans certains fleuves et rivières, en vue de la reproduction du poisson, pendant une période de 5 années à dater du 1er janvier 1905.

des réserves affectées à la reproduction. (Art. 5 du décret du 2 avril 1880.)

Art. 2. — L'interdiction de la pêche pendant l'année entière ne pourra être prononcée pour une période de plus de cinq ans. Cette interdiction pourra être renouvelée.

Art. 3. — Les indemnités auxquelles auront droit les propriétaires riverains qui seraient privés du droit de pêche, par application de l'article précédent, seront réglées par le Conseil de préfecture, après expertise, conformément à la loi du 16 septembre 1807.

Les indemnités auxquelles pourra donner lieu l'établissement d'échelles dans les barrages existants seront réglées dans les mêmes formes.

Art. 4. — A partir du 1er janvier 1866, des décrets rendus sur la proposition des ministres de la Marine, de l'Agriculture, du Commerce et des Travaux publics règleront, d'une manière uniforme, pour la pêche fluviale et pour la pêche maritime dans les fleuves, rivières, canaux affluant à la mer :

1° Les époques pendant lesquelles la pêche des diverses espèces de poissons sera interdite;

2° Les dimensions au-dessous desquelles certaines espèces ne pourront être pêchées.

C'est le décret du 5 septembre 1897 qui a réglé ces deux points pour la pêche fluviale.

Art. 5. — Dans chaque département, il est interdit de mettre en vente, de vendre, d'acheter, de transporter, de colporter, d'exporter et d'importer les diverses espèces de poisson, pendant le temps où la pêche en est interdite, en exécution de l'article 26 de la loi du 15 avril 1829.

Cette disposition n'est pas applicable aux poissons provenant des étangs ou réservoirs définis en l'article 30 de la loi précitée.

On a vu sous l'article 30 de la loi du 15 avril 1829 que, en ce qui touche les poissons n'ayant pas les dimensions réglementaires, la pêche, la vente et le colportage (c'est-à-dire le transport pour vendre) sont seuls interdits.

Le législateur s'est ici montré plus sévère; il prohibe non seulement la vente, l'achat, le colportage, l'exportation, l'importation des poissons pêchés en temps de frai, mais même leur simple transport.

C'est au délinquant à prouver, s'il y a lieu, que les poissons proviennent d'étangs ou de réservoirs. (V. l'article 4 du décret du 5 septembre 1897.)

Art. 6. — L'Administration pourra donner l'autorisation de prendre et de transporter, pendant le temps de la prohibition, le poisson destiné à la reproduction.

Art. 7. — L'infraction aux dispositions de l'article 1er et du premier paragraphe de l'article 5 de la présente loi sera punie des peines portées par l'article 27 de la loi du 15 avril 1829, et, en outre, le poisso nsera saisi et vendu sans délai, dans les formes prescrites par l'article 42 de ladite loi.

L'amende sera double et les délinquants pourront être condamnés à un emprisonnement de dix jours à un mois :

1° Dans les cas prévus par les articles 69 et 70 de la loi du 15 avril 1829;

2° Lorsqu'il sera constaté que le poisson a été enivré ou empoisonné;

3° Lorsque le transport aura lieu par bateaux, voitures ou bêtes de somme.

La recherche du poisson pourra être faite, en temps prohibé, à domicile, chez les aubergistes, chez les marchands de denrées comestibles et dans les lieux ouverts au public.

La recherche du poisson, même en temps prohibé, ne peut être faite au domicile des particuliers.

Art. 8. — Les dispositions relatives à la pêche et au transport des poissons s'appliquent au frai du poisson et à l'alevin.

Art. 9. — L'article 32 de la loi du 15 avril 1829 est abrogé en ce qui concerne la marque ou le plombage des filets.

Des décrets détermineront le mode de vérification de la dimension des mailles des filets autorisés pour la pêche de chaque espèce de poisson, en exécution de l'article 26 de la loi du 15 avril 1829.

Voyez les termes du décret sur la vérification des filets aux notes placées sous l'article 32 de la loi du 15 avril 1829.

Art. 10. — Les infractions concernant la pêche, la vente, l'achat, le transport, le colportage, l'exportation et l'importation du poisson, seront recherchées et constatées par les agents des douanes, les employés des contributions indirectes et des octrois, ainsi que par les autres agents autorisés par la loi du 15 avril 1829 et par le décret du 9 janvier 1852.

Des décrets détermineront la gratification qui sera accordée aux rédacteurs des procès-verbaux ayant pour objet de constater les délits. Cette gratification sera prélevée sur le produit des amendes.

Voir plus loin la loi de finances du 13 avril 1898.

Art. 11. — La poursuite des délits et contraventions et l'exécution des jugements pour infractions à la présente loi, auront lieu conformément à la loi du 15 avril 1829 et au décret du 9 janvier 1852.

Art. 12. — Les dispositions législatives antérieures sont abrogées en ce qu'elles peuvent avoir de contraire à la présente loi.

DÉCRET DU 5 SEPTEMBRE 1897 PORTANT RÈGLEMENT GÉNÉRAL SUR LA PÊCHE FLUVIALE

Art. 1er. — Les époques pendant lesquelles la pêche est interdite en vue de protéger la reproduction du poisson sont fixées comme il suit :

1° Du 30 septembre exclusivement au 10 janvier inclusivement, est interdite la pêche du saumon;

2° Du 20 octobre exclusivement au 31 janvier inclusivement, est interdite la pêche de la truite et de l'ombre-chevalier;

3° Du 15 novembre exclusivement au 31 décembre inclusivement, est interdite la pêche du lavaret;

4° Du lundi qui suit le 15 avril inclusivement au dimanche qui suit le 15 juin exclusivement, est interdite la pêche de tous les autres poissons et de l'écrevisse. Si le lundi qui suit le 15 avril est un jour férié, l'interdiction est retardée de vingt-quatre heures.

Les interdictions prononcées dans les

paragraphes précédents s'appliquent à tous les procedes de pêche, même a la ligne flottante tenue à la main.

Cet article n'est pas applicable aux étangs et réservoirs, où la pêche est entièrement libre.

Art. 2. — Les préfets peuvent, par des arrêtés rendus après avoir pris l'avis des conseils généraux, soit pour tout le département, soit pour certaines parties du département, soit pour certains cours d'eau déterminés :

1° Interdire exceptionnellement la pêche de toutes les espèces de poissons pendant l'une ou l'autre période, lorsque cette interdiction est nécessaire pour protéger les espèces prédominantes;

2° Augmenter pour certains poissons désignés la durée desdites périodes, sous la condition que les périodes ainsi modifiées comprennent la totalité de l'intervalle de temps fixé par l'article 1er;

3° Excepter de la quatrième période la pêche de l'alose, de l'anguille et de la lamproie, ainsi que des autres poissons vivant alternativement dans les eaux douces et les eaux salées;

4° Fixer une période d'interdiction pour la pêche de la grenouille.

Art. 3. — Des publications seront faites dans les communes dix jours au moins avant le début de chaque période d'interdiction de la pêche pour rappeler les dates du commencement et de la fin de ces périodes.

Art. 4. — Quiconque, pendant la période d'interdiction, transporte ou débite des poissons dont la pêche est prohibée, mais qui proviennent des étangs et réservoirs, est tenu de justifier de l'origine de ces poissons.

Art. 5. — Les poissons saisis et vendus aux enchères, conformément à l'article 42 de la loi du 15 avril 1829, ne peuvent être exposés de nouveau en vente.

Art. 6. — La pêche n'est permise que depuis le lever jusqu'au coucher du soleil.

Toutefois, la pêche de l'anguille, de la lamproie et de l'écrevisse peut être autorisée après le coucher et avant le lever du soleil dans les cours d'eau désignés et aux heures fixées par des arrêtés préfectoraux, rendus après avis des conseils généraux. Ces arrêtés déterminent, pour l'anguille, la lamproie et l'écrevisse, la nature et les dimensions des engins dont l'emploi est autorisé.

La pêche du saumon et de l'alose peut être autorisée par des arrêtés préfectoraux, rendus après avis des conseils généraux, pendant deux heures au plus après le coucher du soleil et deux heures au plus avant son lever dans certains emplacements des fleuves et rivières navigables spécialement désignés.

Art. 7. — Le séjour dans l'eau des filets et engins ayant les dimensions réglementaires est permis à toute heure, sous la condition qu'ils ne peuvent être placés et relevés que depuis le lever jusqu'au coucher du soleil.

Art. 8. — Les dimensions au-dessous desquelles les poissons et écrevisses ne peuvent être pêchés, même à la ligne flottante, et doivent être rejetés à l'eau, sont déterminées comme il suit pour les diverses espèces :

1° Les saumons, 40 centimètres de longueur. Cette prescription s'applique indistinctement à tous les sujets de l'espèce n'ayant pas la dimension ci-dessus fixée, quels que soient d'ailleurs les différents noms dont on les désigne suivant les localités : tacons, togans, glezys, guimoisons, cadets, orgeuls, castillons, reneys, etc. ;

2° Les anguilles, 25 centimètres de longueur (1) ;

3° Les truites, ombres chevaliers, ombres communs, carpes, brochets, barbeaux, brêmes, meuniers, aloses, per-

---

(1) Toutefois, la pêche de la montée d'anguille (alevins d'anguilles ayant moins de 7 centimètres de longueur) peut être permise par des arrêtés préfectoraux annuels pris après avis conforme des conseils généraux et dans les conditions prévues à l'article 21 du présent décret : ces arrêtés détermineront les procédés de pêche, la nature et la dimension des engins qui pourront être employés, les saisons et heures ainsi que les parties des fleuves, rivières et canaux où cette pêche sera autorisée et toutes autres mesures que les autorisations prévues au présent article pourraient rendre nécessaires en vue d'empêcher le dépeuplement des cours d'eau. (Décret modificatif du 1er septembre 1904.)

ches, gardons, tanches, lottes, lamproies et lavarets, 14 centimètres de longueur;

4° Les soles, plies et flets, 10 centimètres de longueur;

5° Les écrevisses à pattes rouges, 8 centimètres de longueur; celles à pattes blanches, 6 centimètres de longueur.

La longueur des poissons ci-dessus mentionnés est mesurée de l'œil à la naissance de la queue; celle de l'écrevisse, de l'œil à l'extrémité de la queue déployée.

Art. 9. — Les mailles des filets mesurées de chaque côté, après leur séjour dans l'eau, et l'espacement des verges, bires, nasses et autres engins employés à la pêche des poissons, doivent avoir les dimensions suivantes :

1° Pour les saumons, 40 millimètres au moins;

2° Pour les grandes espèces autres que le saumon et pour l'écrevisse, 27 millimètres au moins;

3° Pour les petites espèces, telles que goujons, loches, vérons, ablettes et autres, 10 millimètres.

La mesure des mailles et l'espacement des verges sont pris avec une tolérance d'un dixième.

Il est interdit d'employer simultanément à la pêche des engins de catégorie différente.

La pêche à l'aide de bouteilles ou carafes de verre ouvertes au fond et fermées au goulot est prohibée; il en est de même de la pêche au panier.

Les filets dont la maille varie entre 40 et 27 millimètres sont permis; mais ceux dont la maille varie entre 27 et 10 millimètres sont prohibés.

Art. 10. — Les préfets peuvent, sur l'avis des conseils généraux, prendre des arrêtés pour réduire les dimensions des mailles des filets et l'espacement des verges des engins employés uniquement à la pêche de l'anguille, de la lamproie et de l'écrevisse. Les filets et engins à mailles ainsi réduites ne peuvent être employés que dans les emplacements déterminés par ces arrêtés.

Les préfets peuvent aussi, sur l'avis des conseils généraux, déterminer les emplacements limités en dehors desquels l'usage des filets à mailles de 10 millimètres n'est pas permis.

Art. 11. — Les filets fixes ou mobiles et les engins de toute nature ne peuvent excéder en longueur et en largeur les deux tiers de la largeur mouillée des cours d'eau dans les emplacements où on les emploie.

Plusieurs filets ou engins ne peuvent être employés simultanément sur la même rive ou sur deux rives opposées qu'à une distance au moins triple de leur développement.

Lorsqu'un ou plusieurs engins employés sont en partie fixes et en partie mobiles, les distances entre les parties fixées à demeure, sur la même rive ou sur les rives opposées, doivent être au moins triples du développement total des parties fixes et mobiles mesurées bout à bout.

Le pêcheur qui se sert de filets barrant un cours d'eau dans toute sa largeur commet le délit prévu par l'article 24 de la loi du 15 avril 1829.

Art. 12. — Les filets fixes employés à la pêche doivent être retirés de l'eau et déposés à terre pendant trente-six heures de chaque semaine, du samedi à 6 heures du soir au lundi à 6 heures du matin.

Art. 13. — Sont prohibés tous les filets traînants, à l'exception du petit épervier jeté à la main et manœuvré par un seul homme.

Sont réputés traînants tous les filets coulés à fond au moyen de poids et promenés sous l'action d'une force quelconque.

Est pareillement prohibé l'emploi de lacets ou collets.

Toutefois, des arrêtés préfectoraux, rendus après avis des conseils généraux, peuvent autoriser, à titre exceptionnel, l'emploi de certains filets traînants à mailles de 40 millimètres au moins pour la pêche d'espèces spécifiées, dans les parties profondes des lacs, des réservoirs de canaux et des fleuves et rivières navigables.

Ces arrêtés désignent spécialement les parties considérées comme profondes dans les lacs, réservoirs de canaux, fleuves et rivières navigables. Ils indiquent aussi les noms locaux des filets autorisés et les heures auxquelles leur manœuvre est permise.

Des divergences s'étant produites sur le point de savoir ce qu'il faut entendre par filet traînant, il sera toujours bon d'indiquer dans le procès-verbal, s'il est possible, de quelle façon le filet a été manœuvré et notamment s'il a été traîné.

Art. 14. — Il est interdit d'établir dans les cours d'eau des appareils ayant pour objet de rassembler le poisson dans des noues, boires, fossés ou mares dont ils ne pourraient plus sortir, ou de le contraindre à passer par une issue garnie de pièges.

Art. 15. — Il est également interdit :

1° D'accoler aux écluses, barrages, chutes naturelles, pertuis, vannages, coursiers d'usines et échelles à poissons, des nasses, paniers ou filets à demeure;

2° De pêcher, avec tout autre engin que la ligne flottante tenue à la main, dans l'intérieur des écluses, barrages, pertuis, vannages, coursiers d'usines et passages ou échelles à poissons, ainsi qu'à une distance de 30 mètres en amont ou en aval de ces ouvrages;

3° De pêcher à la main, de troubler l'eau et de fouiller au moyen de perches sous les racines ou autres retraites fréquentées par le poisson;

4° De se servir d'armes à feu, de poudre de mine, de dynamite ou de toute autre substance explosible.

Voir plus haut, page 19, l'article 25 de la loi du 15 avril 1829 modifié par la loi du 18 novembre 1898.

Art. 16. — Les préfets peuvent, après avoir pris l'avis des conseils généraux, interdire en outre, par des arrêtés spéciaux, d'autres engins, procédés ou modes de pêche de nature à nuire au repeuplement des cours d'eau.

Ils déterminent, conformément au paragraphe 6 de l'article 26 de la loi du 15 avril 1829, les espèces de poissons avec lesquelles il est interdit d'appâter les hameçons, nasses, filets ou autres engins.

Art. 17. — Il est interdit de pêcher dans les parties des rivières, canaux ou cours d'eau dont le niveau serait accidentellement abaissé, soit pour y opérer des curages ou travaux quelconques, soit par suite de chômage des usines ou de la navigation.

Art. 18. — Sur la demande des adjudicataires de la pêche des cours d'eau navigables et flottables et sur la demande des propriétaires de la pêche des autres cours d'eau et canaux, les préfets peuvent autoriser, dans des emplacements déterminés et à des époques qui ne coïncideront pas avec les périodes d'interdiction, des manœuvres d'eau et des pêches extraordinaires pour détruire certaines espèces dans le but d'en propager d'autres plus précieuses.

Ils peuvent également, en cas de vidange de biefs, sur la proposition faite, suivant les cas, par les ingénieurs ou fonctionnaires de l'administration des forêts, autoriser les fermiers ou les propriétaires du droit de pêche à se servir exceptionnellement d'engins n'ayant pas les dimensions réglementaires pour s'emparer du poisson menacé de périr.

Art. 19. — Des arrêtés préfectoraux, rendus sur les avis des conseils de salubrité et des ingénieurs ou des fonctionnaires de l'administration des forêts, déterminent :

1° La durée du rouissage du lin et du chanvre dans les cours d'eau, et les emplacements où cette opération peut être pratiquée avec le moins d'inconvénient pour le poisson;

2° Les mesures à observer pour l'évacuation dans les cours d'eau des matières susceptibles de nuire au poisson et provenant des fabriques et autres établissements industriels quelconques.

Art. 20. — Il est institué au ministère de l'agriculture une commission de la pêche fluviale composée de neuf membres, savoir : un conseiller d'Etat en service ordinaire, président; quatre représentants du ministère de l'agriculture et quatre représentants du ministère des travaux publics.

Le président, en cas de partage, a voix prépondérante.

Les membres de cette commission sont nommés par décret pour une période de trois années.

Art. 21. — Les arrêtés pris par les préfets en vertu des articles 2, 6, 8, 10, 13, 16 et 19 du présent décret ne sont exécutoires qu'après approbation donnée par les ministres de l'agriculture et des travaux publics, chacun en ce qui le concerne, la commission de la pêche fluviale entendue.

Ces arrêtés ne sont valables que pour une année; ils peuvent être renouvelés.

A la fin de chaque année, les préfets adressent au ministre de l'agriculture et au ministre des travaux publics, chacun en ce qui le concerne, un relevé des autorisations accordées en vertu de l'article 18.

Art. 22. — Les articles du présent décret ne sont applicables ni au lac Léman ni à la Bidassoa, lesquels restent soumis aux lois et règlements qui les régissent spécialement.

Art. 23. — Sont abrogés les décrets des 10 août 1875 et 18 mai 1878, 27 décembre 1889, 9 avril 1892 et toutes autres dispositions contraires au présent décret.

DÉCRET RÉGLEMENTANT LA PÊCHE MARITIME EN CE QUI CONCERNE LES ESPÈCES VIVANT ALTERNATIVEMENT DANS LES EAUX DOUCES ET DANS LES EAUX SALÉES

(1er février 1890.)

Art. 1er. — Est interdite, chaque année, tant à la mer, le long des côtes, que dans la partie des fleuves, rivières, étangs et canaux où les eaux sont salées :

1° La pêche du saumon, du 30 septembre exclusivement au 10 janvier inclusivement;

2° La pêche de la truite et de l'ombre-chevalier, du 20 octobre exclusivement au 31 janvier inclusivement;

3° La pêche du lavaret, du 15 novembre exclusivement au 31 décembre inclusivement.

Les interdictions prononcées dans les paragraphes qui précèdent s'appliquent à tous les procédés de pêche, même à la ligne flottante tenue à la main.

2. Les dimensions au-dessous desquelles les espèces vivant alternativement dans les eaux douces et dans les eaux salées ne pourront être pêchées, même à la ligne flottante, achetées, vendues, transportées, exportées ou employées à un usage quelconque, sont déterminées comme il suit :

1° Les saumons et anguilles, 40 centimètres de longueur.

En ce qui concerne les saumons, la prescription s'applique indistinctement à tous les sujets de l'espèce n'ayant pas la dimension ci-dessus fixée, quels que soient, d'ailleurs, les différents noms dont on les désigne, suivant les localités : tacons, tocans, glizicks, glézys, quismoisons, cadets, orgeuils, castillons, reneys, etc., etc.;

2° Les truites, ombres-chevaliers, ombres communs, muges, brêmes, aloses, lamproies, esturgeons et lavarets, 14 centimètres de longueur;

3° Les soles, plies et flets, 10 centimètres de longueur.

La longueur est mesurée de l'œil à la naissance de la queue.

DÉCRET TENDANT A L'INTERDICTION DE LA DYNAMITE COMME PROCÉDÉ DE PÊCHE

(5 novembre 1891.)

Art. 1er. — Il est défendu d'employer des armes à feu ou des substances explosives contre le poisson.

Les contrevenants à cette interdiction seront punis des peines prévues aux articles 7 et 14 de la loi du 9 janvier 1852. La présence non autorisée, à bord d'un bateau quelconque, de matières explosives, constitue, en outre, un délit prévu et puni par la loi du 8 mars 1875 et que les agents de la marine peuvent constater

---

DÉCRET MODIFIANT LE DÉCRET DU 27 DÉCEMBRE 1889 FIXANT LA PÉRIODE D'INTERDICTION ANNUELLE DE LA PÊCHE

(9 avril 1892.)

Art. 1er. — L'article 1er, paragraphe 4, du décret du 27 décembre 1889 fixant la période d'interdiction annuelle de la pêche des poissons autres que le saumon, la truite, l'ombre-chevalier et le lavaret, est modifié de la manière suivante :

« § 4. Du lundi qui suit le 15 avril inclusivement au dimanche qui suit le 15 juin exclusivement; si le lundi qui suit le 15 avril est un jour férié, l'interdiction est retardée de vingt-quatre heures. »

DÉCRET RELATIF A LA SURVEILLANCE, A LA POLICE ET A L'EXPLOITATION DE LA PÊCHE FLUVIALE

(7 novembre 1896.)

Art. 1er. — La surveillance, la police et l'exploitation de la pêche dans les cours d'eau navigables et flottables non canalisés, qui ne se trouvent pas dans les limites de la pêche maritime, ainsi que la surveillance et la police de la pêche dans les rivières, ruisseaux et cours d'eau non navigables ni flottables, sont placées dans les attributions du Ministre de l'agriculture et rattachées à l'administration des forêts.

La pisciculture est également rattachée au ministère de l'agriculture.

DÉCRET PORTANT MODIFICATIONS AU DÉCRET DU 5 SEPTEMBRE 1897 SUR LA PÊCHE FLUVIALE

(1er septembre 1904.)

Art. 1er. — L'article 8 du décret du 5 septembre 1897 est ainsi complété :

« Toutefois, la pêche de la montée d'anguille (alevins d'anguille ayant moins de 7 centimètres de longueur) peut être permise par des arrêtés préfectoraux annuels, pris après avis conforme des conseils généraux et dans les conditions prévues à l'article 21 du présent décret : ces arrêtés détermineront les procédés de pêche, la nature et la dimension des engins qui pourront être employés, les saisons et heures, ainsi que les parties des fleuves, rivières et canaux où cette pêche sera autorisée, et toutes autres mesures que les autorisations prévues au présent article pourraient rendre nécessaires en vue d'empêcher le dépeuplement des cours d'eau. »

2. Le paragraphe 1er de l'article 21 du même décret est modifié ainsi qu'il suit :

« Les arrêtés pris par les préfets en vertu des articles 2, 6, 8, 10, 13, 16 et 19 du présent décret, ne sont exécutoires qu'après approbation donnée par les Ministres de l'agriculture et des travaux publics, chacun en ce qui le concerne, « la commission de pêche fluviale en- » tendue. »

DÉCRET RELATIF AUX TRANSACTIONS AU SUJET DES DÉLITS DE PÊCHE

(20 mars 1897.)

Art. 1er. — Les transactions sur la poursuite des délits et contraventions en matière de pêche, commis sur les cours d'eau dont la police et la surveillance sont confiées à l'administration des forêts, deviennent définitives, comme pour les délits forestiers :

1° Par l'approbation du conservateur des forêts, lorsque les condamnations encourues ou prononcées, y compris les réparations civiles, ne s'élèvent pas au-dessus de 1.000 francs;

2° Par l'approbation du directeur des forêts, quand les condamnations sont supérieures à 1.000 francs;

3° Par l'approbation du Ministre de l'agriculture quand les condamnations s'élèvent à une somme supérieure à 2.000 francs.

EXTRAIT DE LA LOI DE FINANCES DU 13 AVRIL 1898 RELATIF AUX GRATIFICATIONS EN MATIÈRE DE PÊCHE

1° *En matière de pêche fluviale* et par condamnation prononcée :

La constatation par la gendarmerie des délits prévus par la loi sur la police de la pêche donne droit aux gratifications suivantes :

2 francs pour un délit de pêche ordinaire;

5 francs pour un délit de pêche en temps de frai;

20 francs pour un délit de pêche la nuit;

25 francs pour un délit de pêche la nuit en temps de frai, pour empoisonnement de rivières, pêche à la dynamite ou autres matières explosibles. (Art. 196 du décret du 5 décembre 1902) (1).

---

(1) Toute action de pêche qui, le jour, ne constituerait pas un délit, devient, pendant la nuit, un délit ordinaire tel qu'il est déterminé par l'article 27 de la loi du 15 avril 1829. La prime due en ce cas est de 2 francs ou de 5 francs.

Toute action de pêche qui, le jour, constituerait un délit, devient, pendant la nuit, un délit aggravé par cette dernière circonstance. La prime revenant à l'agent verbalisateur est, dans ce cas, de 20 ou de 25 francs.

En ce qui concerne le dernier paragraphe de l'article 196 du décret du 5 décembre 1902 qui vise le cas de transaction ou de remise sur amende encourue ou prononcée, l'agent des eaux et forêts possède le droit, reconnu par la loi, d'écarter, s'il juge à propos d'accorder le bénéfice de la transaction, les circonstances aggravantes relatives au procès-verbal, comme pourrait le faire le tribunal, si l'affaire donnait lieu à jugement.

En thèse générale et comme règle pratique, la gratification à allouer aux agents verbalisateurs, est celle qui correspond au délit retenu, soit par la transaction, soit par le jugement, et qui est prévue au tarif inscrit à l'article 196 du décret du 5 décembre 1902. (Circulaire du 14 janvier 1906.

2° *En matière de pêche maritime* et par condamnation prononcée :

A raison de 2 francs pour les infractions aux règlements relatifs à la conservation du rivage de la mer, à la récolte des herbes et des amendements marins;

A raison de 3 francs pour les infractions à la police de navigation constatées à terre ou à la mer, de jour et de nuit;

A raison de 10 francs pour les infractions à la police de la pêche constatées en mer, et de jour;

A raison de 20 francs pour les infractions à la police de la pêche constatées en mer, et de nuit;

A raison de 25 francs pour les infractions au règlement sur la pêche à la dynamite, constatées à terre ou à la mer, de jour et de nuit.

DÉCRET RELATIF AUX TRANSACTIONS SUR LA POURSUITE DE TOUS DÉLITS ET CONTRAVENTIONS EN MATIÈRE FORESTIÈRE ET DE PÊCHE FLUVIALE.

(22 décembre 1920.)

Art. 1er. Les transactions sur la poursuite de tous délits et contraventions constatés à la diligence de l'administration des eaux et forêts en matière forestière et de pêche fluviale deviennent définitives :

1° Par l'approbation des conservateurs des eaux et forêts lorsque les condamnations encourues ou prononcées, y compris les réparations civiles, ne s'élèvent pas au-dessus de 3,000 fr.;

2° Par l'approbation du directeur général des eaux et forêts lorsque les condamnations sont supérieures à 3,000 fr. sans dépasser 6,000 fr.;

3° Par l'approbation du Ministre de l'agriculture lorsque les condamnations s'élèvent à une somme supérieure à 6.000 fr.

Art. 2. Les décrets du 22 décembre 1879 et du 20 mars 1897 sont abrogés.

Art. 3. Le Ministre de l'agriculture est chargé de l'exécution du présent décret, qui sera publié au *Journal officiel* et inséré au *Bulletin des lois.*

TABLE.

TABLE ALPHABÉTIQUE
ET
ANALYTIQUE DES MATIÈRES

N° 360. — PARIS, LIMOGES, NANCY.
CHARLES-LAVAUZELLE ET Cie. — 1929.

LIBRAIRIE MILITAIRE CHARLES-LAVAUZELLE & Cie

PARIS, LIMOGES, NANCY

Xavier D'HAUCOURT, docteur en droit, conseiller à la cour de Rennes. — **Ce qu'il faut savoir en matière de loyers. La législation actuelle des loyers d'habitation et professionnels au 1er janvier 1928.** Textes officiels et commentaires. In-18 de 94 p. . **4 20**

La police française, son organisation, ses attributions, sa tactique. Principes, base de son action et de son emploi par les autorités. In-8° de 216 pages. . **12 »**

Ambulants, forains et nomades. Textes groupés et annotés, concernant l'exercice des professions ambulantes, la circulation des nomades et les professions connexes. In-8° de 128 pages........... **6 »**

Nouveaux Codes français et lois usuelles civiles et militaires. Recueil spécialement destiné à la gendarmerie et à l'armée. Volume in-12 de 1.438 pages, relié pleine toile gaufrée. (37e édition, 1928.) **19 20**

Loi du 3 mai 1844 sur la police de la chasse, modifiée et complétée par la loi du 1er mai 1924, mise à jour au 1er janvier 1928. Textes et commentaires. In-18 de 76 pages, broché.................................. **3 60**

Lois et décrets sur la pêche fluviale, à l'usage de la gendarmerie. Annotés et commentés. (17e édition.) In-32 de 72 pages, broché.............................. **1 25**

Décret du 31 décembre 1922 : Code de la route, portant règlement général sur la police de la circulation et du roulage, annoté, illustré et complété par les modèles officiels, à l'usage de la gendarmerie et des automobilistes, cyclistes, etc. In-12 de 304 pages.. . ... **6 »**

www.ingramcontent.com/pod-product-compliance
Ingram Content Group UK Ltd.
Pitfield, Milton Keynes, MK11 3LW, UK
UKHW020949180726
13838UKWH00003B/1224